Die Lehre des Lebens

ANDRE SIERK

Die Lehre des Lebens

Ein Duell zwischen
Effizienz und Romantik

Bibliografische Information der Deutschen Nationalbibliothek:
Die Deutsche Nationalbibliothek verzeichnet diese Publikation
in der Deutschen Nationalbibliografie;
detaillierte bibliografische Daten sind im Internet
über http://dnb.dnb.de abrufbar.

© 2019 Andre Sierk
Grafik: Leigh Prather/ OlleVita/ I000s_pixels/ Shutterstock.com
Satz, Umschlaggestaltung, Herstellung und Verlag:
BoD – Books on Demand, Norderstedt

ISBN: 978-3-7347-8033-2

Inhalt

Vorwort

Die Lehre des Lebens wird häufig völlig unterschätzt. Ihr Inhalt ist spannend, einzigartig und vor allem ist sie real. Doch die Realität zeigt, dass wir einzig die Inhalte unseres Studiums, unserer Ausbildung oder der Schule als Lehre bezeichnen. Den wesentlich größeren und wichtigeren Teil lehrt uns das Leben, wenn wir es zulassen. Zulassen durch Neugierde, Offenheit und vor allem dem sozialen Austausch untereinander.

Wir lernen nicht das lateinische Alphabet, um es unser Leben lang auf PowerPoint-Präsentationen vorzuzeigen. Wir lernen nicht die arabischen Zahlen, um Graf Zahl beim Zählen zu unterstützen. Wir lernen diese Dinge, um sie zu transferieren. Mit einfachen Worten: Wir lernen zu lernen. Vom Leben.

Aber wenden wir es auch an? Oder verlieren wir uns oft in unwichtigen Details und blockieren damit unsere Wahrnehmung für das Wesentliche?

Wir durchlaufen in unserer heutigen Zeit einen Prozess, welcher durch Effizienz geprägt ist. Wir spezialisieren uns auf unsere Fachgebiete und wir tun dies teilweise so speziell, um der geforderten Effektivität Genüge zu tun. Einfach gesagt, wir spezialisieren uns im Verlieren der nötigen Wahrnehmung für das, was um uns herum passiert, um uns auf das spezielle Detail zu fokussieren. Wir distanzieren uns damit mehr und mehr von der Romantik des Moments.

Viele Dinge machen uns Angst, erfüllen uns mit Stress oder stellen für uns Probleme dar. Zumindest empfinden wir das so. Ich glaube allerdings, dass uns die Lehre des Lebens dabei hilft, die Gefühle und Herausforderungen in unserer heutigen Gesellschaft zu verstehen und sie damit für uns individuell zu kontrollieren.

Das nachfolgende Buch soll einige wichtige Themenbereiche des Lebens in unserer heutigen Gesellschaft durchleuchten und Denkanstöße zum Umgang mit aktuellen und teils fiktiven Herausforderungen aufzeigen. Ich behaupte, dass die Genialität unseres Lebens in seiner Einfachheit liegt. Wir sollten es uns nicht komplizierter machen, als es ist.

Das Leben soll Spaß machen, also lasst uns die Scheuklappen abstreifen und es in seiner vollen Schönheit genießen!

Gratulation! Dieses Buch ist die absolut richtige Wahl. Doch bevor du in die nachfolgenden Zeilen eintauchst, möchte ich dir noch zwei Worte näherbringen. Zwei Worte, die dieses Buch grundlegend prägen.

Als ich Freunden und Bekannten von meinem Buchtitel erzählte, wurde mir eine bestimmte Frage immer wieder gestellt. Sie klang in etwa so: „Effizienz ist mir klar, aber was genau meinst du mit Romantik? Unter Romantik verstehe ich ein Dinner zu zweit bei Kerzenschein, guter Musik und gutem Essen."

Eine berechtigte Frage. Aus meiner Sicht sollte sich natürlich jeder eine eigene Meinung darüber bilden. Aber ich möchte euch gerne eine kurze Definition mit auf den Weg geben, wie ich diese Begriffe für mich definiere.

Effizienz ist der optimierte Lösungsweg, um ein Ziel zu erreichen.

Romantik hingegen bedeutet, sich Zeit für etwas zu nehmen. Etwas bewusst mit allen Sinnen wahrzunehmen, es bewusst zu fühlen und zu durchdenken.

Bei Romantik also an ein Dinner zu denken ist absolut richtig. Du hörst, du schmeckst, du siehst und du fühlst. Bewusst.

Doch ein Dinner zu zweit ist noch lange nicht die einzige Situation im Leben, die du romantisch betrachten solltest. Denn du hast die Möglichkeit, deine gesamte Umwelt romantisch zu betrachten, indem du dir einfach die nötige Zeit nimmst für das, was um dich herum passiert.

Effizienz und Romantik sind für mich die Grundlage dafür, um vom Leben lernen zu können.

Mach dir jedoch bewusst, dass bei Romantik kaum Platz für Effizienz ist. Ich behaupte sogar, die beiden stehen in einem Duell zueinander.

Wie du dieses Duell ohne große Anstrengung beenden kannst, zeigen dir die nachfolgenden Seiten dieses Buches. Und ich bin mir sicher, dass sie dir noch viele weitere Denkanstöße für dein Leben liefern werden. Also nichts wie los, bilde dir deine eigene Meinung. Oder um es mit den Worten von Richard David Precht zu sagen:

„Lesen ist wie denken mit einem fremden Gehirn. Doch das Gelesene zu verarbeiten ist ein fortwährender Dialog mit uns selbst. Was lockt, ist die Aussicht, intelligenter über die Welt nachdenken zu können als zuvor." [1]

Die Gründung

Als junges Nordlicht, geboren im schönen Schleswig-Holstein, zog es mich nach dem Abitur in die Großstadt an die Universität. Es war der Beginn eines Prozesses, den ich erst viel später zur Kenntnis nehmen sollte.

Die erste Wohnung, der erste Vertrag mit einem Gasanbieter und vor allem das Eintauchen in die Welt der Wissenschaft. Dinge, die ich in meinem Leben noch nie selbst gemacht, gefühlt oder kennengelernt hatte. Nun stand ich davor. Eine neue Stadt, neue Gesichter und eine große Aufgabe. Eine Aufgabe, die ich anfangs mehr als eine Art Versuch gesehen hatte. Ich probierte es einfach aus. Mehr als Mühe geben konnte ich mir nicht.

Natürlich stellte ich mir die Frage, was passieren könnte, wenn ich es nicht schaffe. Wenn irgendetwas nicht funktionieren sollte. Nach gründlichem Grübeln lautete die Antwort auf meine Fragen jedoch jedes Mal gleich: „Nichts." Zumindest nichts, was dich aus dem Leben radiert. Denn was soll uns in einem Sozialstaat schon groß passieren?

Die erste große Erkenntnis in diesem Alter war also die Feststellung, dass es für jede erdenkliche Aufgabenstellung eine Lösung gibt. In der Regel gibt es sogar viele verschiedene Lösungswege für ein Problem. Auch wenn diese Lösung vielleicht nicht dem ursprünglichen Wunsch entspricht oder dieser Schlüssel ganz einfach unangenehm erscheint, ist er immer vorhanden. Dieses Wissen gibt Sicherheit.

Doch was genau bedeutet eigentlich Lösung? Genau genommen ist die Lösung die Konsequenz aus dem Verstehen. Etwas auf seine ganz eigene Art zu durchleuchten und zu beantworten. Wenn Menschen durch Probleme bzw. Aufgaben in Angst oder Hilflosigkeit versetzt werden, dann verstehen sie oft ihre Aufgabe nicht oder nur zu Teilen. Viel schlimmer noch, sie versuchen sie oft gar nicht erst zu verstehen. Und selbst das ist in der Regel nicht mal nötig.

Unter der Annahme, es gibt immer Lösungen, wie ich es behaupte, liegt es nahe, dass es fast immer Quellen gibt, die verschiedenste Lösungen und Ansätze für uns bereithalten. Du musst nur diesen einen Schritt gehen und die richtige Quelle heraussuchen, sie gegebenenfalls transformieren oder kombinieren und damit deine Aufgabenstellung beantworten. Eine Quelle ist nichts anderes als eine Art Speicher, der völlig unterschiedlich aussehen kann. Es können Mitmenschen, Bücher oder das eigene Bauchgefühl sein.

Menschen beobachten ihre Umwelt schon seit sie existieren. Bauern dokumentieren die Fruchtbarkeit ihrer Ländereien; sie notieren Niederschlagsmenge und Wetterperioden. Kaufleute und Unternehmer beobachten ihre Absatzzahlen, und ein Blogger interessiert sich für die Anzahl seiner Follower. Verschiedenste Daten in verschiedensten Formen und Mengen sind Bestandteil unserer heutigen Welt. Setzen wir sie richtig ein, helfen sie uns, die Welt zu entschlüsseln. Die geeigneten Quellen zu finden, auf die eigene Herausforderung zu projizieren sowie mit Logik und Vernunft die ersten eigenen Aufgaben zu meistern, das ist die erste grundlegende Lehre des Lebens.

Einfach gesagt, begann ich zu lernen, wie man versteht. Ich begann zu lernen, den manchmal etwas längeren Weg im Kopf zu gehen. Das war vielleicht etwas unbequem, aber es verschaffte mir erste Erfolge. Sowohl an der Universität als auch im Leben. Ich begann, einen sicheren Stand auf den eigenen Beinen zu entwickeln.

Mit dem Wissen, dass es immer eine Lösung geben wird, fiel es mir nicht schwer, die an mich gestellten Aufgaben lockerer anzugehen. Dieser Effekt bringt mich zum nächsten Punkt einer grundlegenden Herangehensweise an unser Leben. Hast du gelernt, zu lernen und deinen Kopf zu benutzen, dann hast du auch gelernt, die Dinge entspannter zu sehen. Lockerheit macht dich leistungsfähiger. In meinen ersten Prüfungen an der Universität lernte ich sehr engagiert und vor allem mit viel Aufwand. Ich wollte es allen und vor allem wollte ich es mir zeigen. Es war mein Ehrgeiz, der mich trieb. Ich hatte früh in meinem Leben erkannt, dass ohne Ehrgeiz und Biss nichts so wird, wie ich es haben will. Was ich zu diesem Zeitpunkt jedoch noch nicht gelernt hatte, war, wie ich diesen Ehrgeiz perfekt für mich nutzen konnte. Um zu erklären, was ich damit meine, möchte ich einen kleinen Bogen in meine Kindheit spannen.

Schon als kleiner Junge hatte ich beim handwerklichen Umgang in der Sandkiste oder beim Bauen von Gebäuden aus alten Kartons ein Bild vor Augen. Ich hatte ein Ziel vor meinem inneren Auge, welches mir zeigte, wie mein Resultat aussehen sollte. Wenn dieses Ergebnis nicht eintrat, wie es in diesem jungen Alter des Öfteren der Fall war, überkam mich ein Gefühl der Wut. Diese Wut hatte ich auf mich selbst. Sie ging manchmal sogar so weit, dass ich mein gebautes Objekt wieder zerstörte. Einfach gesagt, war mein Ehrgeiz mit dem Ergebnis nicht zufrieden. Am Ende der Arbeit nichts mehr zu haben machte mich zudem auch noch traurig. Ich stand da und hatte eine gefühlte Ewigkeit in nichts investiert. Jedoch fing ich irgendwann an zu verstehen, dass ich dem Traurigsein entfliehen konnte, indem ich das Ergebnis akzeptierte, auch wenn es in meinen Augen nicht sofort perfekt erschien. Ich konnte schließlich auch am nächsten und am übernächsten Tag daran weiterbauen und das Ergebnis nach meinen Wünschen optimieren.

Zurück zu meinem Start in die akademische Welt und zurück zu meinen ersten Prüfungen an der Uni. Ich war ehrgeizig und machte mir damit in den ersten Klausuren viel eigenen Druck, den man ehrlich gesagt nicht wirklich gut gebrauchen kann. In der ersten Klausurphase waren meine Ergebnisse nicht zu meiner Zufriedenheit. Jedoch war es ein gutes Gefühl, mithalten zu können. Ich wurde immer entspannter und konnte mit mehr Vertrauen in meine eigene Leistungsfähigkeit an meine Aufgaben herangehen. Lockerheit half mir, meine Leistungsfähigkeit zu steigern. Denn was sollte mir schon passieren? Nichts. Die Erde dreht sich immer weiter.

Von Prüfung zu Prüfung lernte ich, welche Inhalte wichtiger und welche unwichtiger sind. Dies war der Prozess des Lernens, wie man lernt. Ich fand mehr und mehr heraus, welche Speicher das nötige Wissen zum Erledigen meiner Aufgaben bereithielten. Dieses Wissen schenkt uns die Bildung.

Abschließend bin ich noch die Antwort auf den perfekten Einsatz von Ehrgeiz schuldig. Die Lösung zum perfekten Einsatz des Ehrgeizes ist seine Kombination mit der nötigen Geduld und Ausdauer. Die Geduld schöpfst du aus der Lockerheit, die dein Leben begleiten sollte. Nimm dir die Zeit, die du benötigst, und vertraue auf deine Fähigkeiten. Den Ehrgeiz hast du oder du entwickelst ihn einfach.

Solltest du dir jetzt die Frage stellen, wie genau du deinen Ehrgeiz entwickeln kannst, dann kann ich dir dazu einen Tipp geben. Wenn du für etwas nicht sofort Begeisterung hegst, dann musst du sie dir erarbeiten. Erarbeiten bedeutet in diesem Zusammenhang Hingabe und Fleiß. Lass dich auf etwas ein und beginne, es zu verstehen. Je länger und tiefgründiger du dies tust, umso mehr wirst du irgendwann merken, dass Verstehen ohne Ende Spaß macht. Diese Erkenntnisse solltest du auf dein Leben projizieren.

Und nun kurz zurück an den Anfang. Im ersten Absatz dieses Kapitels sprach ich von einem Prozess, der meine vorab genannten Erkenntnisse erst für mich sichtbar machte. Dieser Prozess ist die Abnabelung von alten Strukturen, von einem alten Umfeld und die damit verbundene Chance, sein eigenes Leben zu entdecken, ohne die alten Strukturen dabei zu vergessen. Dies ist die Gründung für ein erfülltes Leben. Gib dem Leben die Chance, sein Schüler zu werden. Du wirst es nicht bereuen.

Dieses Kapitel trägt den Titel „Die Gründung". Eine Gründung im architektonischen Sinne wird umgangssprachlich auch als Fundament bezeichnet. Wie wichtig so eine Gründung ist, möchte ich dir mit einem kleinen Ausflug in meine Berufswelt zeigen. Im Leben wirken wie auf ein Bauwerk verschiedenste Lasten. Diese sind in der Regel nur bedingt beeinflussbar. Die Erdanziehung zum Beispiel ist es nicht. Der Wind ist es hingegen insoweit, als dass du dir aussuchen kannst, wo du dein Bauwerk errichten möchtest. Zum Beispiel an der See oder im Binnenland.

Es gibt damit Lasten, mit denen wir alle leben müssen, und es gibt Lasten, die wir beeinflussen können.

Die Aufgabe des Ingenieurs ist es, alle auf das Bauwerk einwirkenden Lasten an den Untergrund abzuführen. Es ist seine Aufgabe, die von der Umwelt verursachten Einwirkungen unserer Erdkartoffel auch wieder zurückzugeben. Es entsteht quasi ein Kreislauf. Das Ziel ist klar: ein Gleichgewichtszustand. Grundlage dafür ist die Gründung, auf dem das Bauwerk gebaut wird, und der Baustoff, aus dem es besteht. Den Rest erledigt die Konstruktion.

Jeder von uns ist auf seine Art ein kleiner Ingenieur. Du sorgst dafür, dein Leben im Gleichgewicht zu halten, damit es nicht zusammenstürzt oder umkippt.

Sollte es bei einem Bauwerk doch einmal zu einem Zusammenbruch kommen, weil die Einwirkungen für den Moment ihres Wirkens zu groß sind, dann bleibt das Baumaterial, aus dem es bestand, auf dem Boden liegen. Steine verbrennen nicht, Steine verwehen nicht und Steine zerfallen nicht einfach so zu Staub.

Es ist in der Regel lediglich die Konstruktion, die umgeworfen wird, nicht das Fundament und damit auch nicht die Gründung, auf dem es stand.

Nach einem Zusammenbruch folgt der Wiederaufbau. Dies lehrt uns schon unsere deutsche Geschichte im Falle des Wiederaufbaus der zerstörten Städte nach dem Zweiten Weltkrieg, der zuhauf mit jenen Materialien durchgeführt wurde, die die Bauwerke schon vor dem Zusammensturz getragen haben.

Lass dir den Baustoff nicht nehmen, der dein Leben trägt. Nichts kann ihn einfach so verschwinden lassen. Wir alle sind kleine Ingenieure.

Doch wie sieht nun deine Konstruktion aus? Ist sie stark genug, um einem Zusammenbruch entgegenzuwirken, oder musst du noch an ihr arbeiten? Sie vielleicht sogar erweitern oder verstärken?

Der Blickwinkel°

Positive Eigenschaften von Geschehnissen erkennen zu können und auszusprechen ist nicht gleichzeitig ein Schönreden, sondern in der Regel das Darlegen von Fakten. Dies ist ähnlich wie in der Politik. Wenn ein Politiker oder seine Partei für bestimmte Dinge einsteht, dann wird er oder sie beim Betrachten einer Problemstellung immer den für die Partei vorteilhaftesten Fakt hervorheben.

Hierzu ein kleines Beispiel:

Wird ein neues Atomkraftwerk errichtet, so wird sich vermutlich eine politische Partei dafür entscheiden, vor allem die für die Wirtschaft dringend benötigte Energiequelle positiv hervorzuheben. Eine andere Partei wird jedoch die Umweltverschmutzung und damit die fragwürdige Nachhaltigkeitsarbeit in den Vordergrund stellen. Es gibt damit zwei verschiedene Blickwinkel auf die Situation. Beides sind Fakten. Beide sind inhaltlich korrekt.

Auch wenn dieses Beispiel vielleicht etwas einfach sein mag, so ist es doch auf unser Leben übertragbar. Ich möchte dazu ein weiteres Bespiel geben.

Zwei Männer gehen in einem Park spazieren. Es beginnt zu regnen. Beide Männer sind nicht auf den Regen vorbereitet gewesen. Damit haben beide die gleiche

Ausgangslage. Beim Abendessen schildern beide Männer ihrer Familie jedoch unterschiedliche Situationen. Für einen der beiden wird es heute im Park getröpfelt haben und für den anderen wird es geschüttet haben wie aus Eimern. Ich möchte mit diesem Beispiel betonen, dass Menschen unsere Umwelt unterschiedlich wahrnehmen und bewerten. Es ist ein subjektives Empfinden. Auch wenn es Gruppen gibt, die einen Einfluss gleich bewerten werden, so sieht die Welt für jeden von uns unterschiedlich aus. Die Wahrheit liegt wie so oft wahrscheinlich irgendwo dazwischen.

Wir bekommen jeden Tag die Chance, selbst zu entscheiden, welche Fakten wir als die unseren heranziehen möchten. Wir entscheiden für uns selbst, ob es schüttet wie aus Eimern oder ob es tröpfelt. Wir entscheiden jeden Tag für uns selbst, ob wir heute die schönen Seiten oder die negativen Seiten des Lebens sehen wollen. Wir entscheiden für uns, ob wir genießen wollen oder ob wir schmollen wollen. Wir entscheiden uns damit selbst für einen Blickwinkel auf unsere Umwelt. Ich behaupte damit, dass auch dein Blickwinkel damit zu einem sehr großen Teil steuerbar ist.

Wenn du die Wahl hast, beantwortet sich die Frage von selbst, welcher der beiden Blickwinkel dein Leben lebenswerter macht und dir die Möglichkeit eröffnet, von diesem zu lernen. Es gibt nur eine logische Konsequenz. Ich behaupte fast, jeder von uns hat diese Wahl.

Das heißt nicht, dass man nicht kritisch sein soll. Gerade auch in Bezug auf sein eigenes Verhalten. Es ist wichtig, dass man seine teils blödsinnigen Alltagshandlungen hinterfragt. Sei zum Beispiel auch einfach mal kritisch mit deiner eigenen Kritik an etwas. Reflektiere dein Verhalten und deine Beziehung zu manchen Umständen in deinem Leben. Ich finde, es ist nicht zu jeder Zeit sinnvoll, kritisch über etwas zu sprechen. Wenn du das beherzigst, dann wirst du schnell merken, dass du viel mehr schöne Dinge an bestimmten Umständen entdeckst.

Du solltest zudem genau definieren, was dir wichtig ist und worauf es dir im Leben ankommt. Diese Frage ist nicht in fünf Minuten beantwortet und die Antwort darauf entwickelt sich genauso wie du stetig weiter. Dazu gehört auch die schwierige und genauso philosophische Fragestellung, warum du auf dieser Welt bist. Aber es ist die Grundlage dafür, deine Umwelt und deinen Blickwinkel so zu beeinflussen, dass du die Dinge, die du für wichtig erachtest, fördern und in den Mittelpunkt stellen kannst.

Es gibt Dinge im Leben, auf die du keinen Einfluss hast. Zum Beispiel hast du vermutlich keine Möglichkeit, das Wetter zu ändern. Genauso gibt es Dinge, die du beeinflussen kannst. Hierzu gehört deine Ausbildung genauso wie Beziehungen zu deinen Mitmenschen.

Oft kommt es nicht darauf an, zu entscheiden, ob das Glas nun halb voll oder halb leer ist, sondern vielmehr, ob das Glas ganz einfach zu groß ist oder ob du die Chance siehst, es aufzufüllen. Ist das Wasser im Glas ein nicht beeinflussbarer Umstand, so ist es deine Aufgabe, das Glas anzupassen. Dies können zum Beispiel deine Ansprüche an etwas sein oder die Einstellung zum Stellenwert des vorab angesprochenen Wetters in deinem Leben. Denn willst du das Wetter über deine Gefühlswelt entscheiden lassen?

Wenn du damit beginnst, bestimmte Dinge in deinem Leben einfach zu akzeptieren, dann kosten sie dich keinen einzigen Gedankengang mehr. Dies verschafft dir Zeit für die wesentlichen Dinge.

Selbstverständlich kann man auch den spannenderen und erfüllenden Weg gehen und das Glas mit weiterem Wasser füllen. Dies betrifft Umstände, welche du beeinflussen kannst. Dafür benötigst du die in Kapitel „Die Gründung" angeführten Basics. Kombiniere Ehrgeiz mit Geduld und Ausdauer, und du wirst sehen, es wird dir über kurz oder lang gelingen, dein Glas weiter zu füllen.

Beide Wege führen zum Ziel, nämlich zum Eliminieren der Unzufriedenheit über die Situation. Dies verschafft dir Zeit. Am Ende wird das Glas für dich immer voll sein.

Verschwende keine Energie mit der Auseinandersetzung unbeeinflussbarer Dinge. Nutze deine Zeit für die schönen Dinge im Leben und lass nicht zu, dass sie durch unbeeinflussbare Umstände negativ belagert werden. Du entscheidest über deinen Blickwinkel und über Einflüsse, die dein Leben und deine Gefühlswelt berühren.

Beschäftige dich mit Umständen, die du beeinflussen kannst. Investiere deine Energie effizient in das Erreichen deiner Ziele und genieße den Moment. Mit anderen Worten: Mach das, worauf du Lust hast. Mach das, was du wirklich willst.

Damit ist nicht gemeint, dass du dich nur aufs Sofa legen sollst. Damit ist gemeint, dass du Ziele verfolgst, die dich befriedigen. Ziele, die du wirklich erreichen willst. Ich gebe zu, zum Erreichen dieser Ziele gehören auch mal nervige Dinge, jedoch fallen sie dir leichter, wenn du weißt, wofür du sie erledigst. Mehr zu diesem Thema findest du allerdings im Kapitel „Das Ziel". Dafür ist hier keine Zeit, zumindest relativ gesehen ...

Wichtig ist, dass du jeden auf deine Gefühlswelt einprasselnden Einfluss nach seiner Beeinflussbarkeit hinterfragst. Du entscheidest, welchen Blickwinkel du wählst, und du entscheidest, welchen und wie viel Einfluss du auf diese Umstände ausübst.

Die Relativität der Zeit

Relativ bedeutet nichts anderes, als in Abhängigkeit zu etwas stehen. Zum Beispiel bezogen auf einen Umstand oder einen Ort. Ist etwas absolut, dann ist es unabhängig von etwas. Zum Beispiel unabhängig von einem Ort.

Für uns alle ticken die Uhren gleich. Aber kennst du das Gefühl, das manche Dinge einfach schneller vorbei sind als andere? Relativ gesehen hast du Recht. Aber auch nur in Bezug auf deine Gefühlswelt. Es fühlt sich zumindest so an, als würden manche Zeiträume schneller vergehen als andere. Man würde es „meinen" – so beschreibt Albert Einstein zu seinen Lebzeiten das Phänomen:

„Wenn man zwei Stunden lang mit einem Mädchen zusammensitzt, meint man, es wäre eine Minute. Sitzt man jedoch eine Minute auf einem heißen Ofen, meint man, es wären zwei Stunden. Das ist Relativität." [2]

Auch wenn Albert Einstein im Jahre 1915 mit der Veröffentlichung seiner Allgemeinen Relativitätstheorie beschreibt, dass die Zeit nicht absolut, sondern tatsächlich relativ ist, so hat es in Bezug auf unseren Alltag keine Auswirkungen. Ich möchte an dieser Stelle trotzdem seine Forschung zur Veranschaulichung zweckentfremden. Einstein beschreibt in seinem oben angeführten Zitat, dass in unterschiedlichen geschlossenen Systemen die Zeit unterschiedlich schnell vergehen kann, nämlich relativ zum jeweiligen System. Hier: System A – Ich sitze neben einem Mädchen; oder System B – Ich sitze auf einer heißen Herdplatte.

An dieser Stelle möchte ich jedoch nicht über die Relativitätstheorie sprechen, sondern über unseren Umgang mit der uns auf der Erde gegebenen Zeit. Eigentlich leben wir alle in unserem System. Wir entscheiden, wie wir unsere Uhren ticken lassen wollen.

Um dir näherzubringen, was ich damit meine, hier ein paar Beispiele aus meinem „System".

Als kleiner Junge freute ich mich jedes Jahr aufs Neue auf Weihnachten. Wenn ich mich recht erinnere, führte ich in einem Jahr sogar eine Strichliste über die noch vorhandenen Tage bis Weihnachten. Jeden Morgen beim Zähneputzen erweiterte ich meine Strichliste. Ich schrieb sie auf einen kleinen Zettel, der an meinem Spiegelschrank über dem Waschbecken angebracht war. Immer wenn ich in den Spiegel sah, begleitete mich meine Strichliste in meinem Augenwinkel.

Mein Fazit: Es dauerte jedes Jahr ewig, bis es endlich so weit war.

In meinem damaligen System verging die Zeit in Bezug auf Weihnachten quälend langsam. Wenn Weihnachten dann endlich gekommen war, dann war es gefühlt super schnell vorbei. Ich war regelrecht etwas enttäuscht.

Ein weiteres Beispiel: Wenn ich mir vornehme, 100.000 Euro zu sparen, dann brauche ich Ewigkeiten, um mein Ziel zu erreichen. Und was ist, wenn es dann so weit ist? Dann habe ich 100.000 Euro auf dem Konto. Mehr nicht.

Wir müssen die Zeit, die uns gegeben ist, nutzen. Wir müssen sie genießen und wir sollten den Weg als unsere Erfüllung sehen. Wenn Ziele erreicht sind, stolz auf sie sein und mit dieser Energie neue Ziele definieren, die uns antreiben und uns auf den nächsten Weg bringen.

Wenn du auf der Arbeit bist und deine aktuelle Aufgabe zum Erreichen des Zieles keine Begeisterung in dir hervorruft, dann scheint die Zeit nur langsam zu verstreichen.

Wenn es dir zu viel wird, dann halte durch und relativiere deine Situation immer wieder auf das große Ganze. Mit anderen Worten: Breche deine Situation herunter auf das, worauf es dir in deinem Leben ankommt, und beurteile dann, ob dein Leben diese Parameter in dem betrachteten Moment erfüllt oder nicht. Dann merkst du, dass diese zu 99 % der Zeit erfüllt sein werden. Denn manche Dinge müssen auf einem Weg einfach erledigt werden.

Ich denke, es ist wichtig zu verstehen, dass es nicht nur das Ziel ist, das uns erfüllt, sondern auch der Weg, den wir bis zum Erreichen unseres Zieles einschlagen.

Und noch was: Wir werden in unserer heutigen Zeit mit so viel materiellem Wohlstand überhäuft, dass wir gefühlt oft kaum noch Zeit haben für das, was uns wichtig ist. Jeder von uns hat am Tag 24 Stunden Zeit, seinen Tag zu verbringen. Der Reichtum an Zeit ist daher fair unter uns Menschen aufgeteilt. Zumindest auf einen Tag gesehen. Es ist deine Aufgabe, deine Prioritäten umzusetzen. Sei konsequent!

Ich möchte dir mit den vorab genannten Beispielen zeigen, wie relativ wir die Zeit in unseren verschiedenen „Systemen" wahrnehmen. Fakt ist am Ende jedoch, dass eine Sekunde unseres Lebens für uns alle „absolut" gleich lang ist. Mach dir das immer wieder bewusst, indem du dir die Gegenwart vor Augen führst. Denn du bestimmst dein System und damit die Relativität deiner Zeit.

Zur Relativität habe ich noch einen weiteren Denkanstoß für dich. Nicht nur die Zeit ist relativ, sondern auch das Glücksempfinden. Wenn ich einem armen Jungen in Afrika einen Sack Mandarinen schenke, dann bedeutet das für ihn mehr, als wenn ich diesen Sack einem gleichaltrigen Jungen in Berlin schenke. Und eine Spielekonsole bedeutet für einen armen Jungen auf einem anderen Kontinent etwas anderes als für einen Jungen in unserer mitteleuropäischen Welt. Glück empfindet also jeder von uns anders. Immer relativ zu seinem System, in dem er lebt. Es ist also wenig sinnvoll, anderen Menschen die gleichen Ideale eines erfüllten Lebens aufzuzwängen, die du für dich selbst als optimal erachtest. Wichtig ist aus meiner Sicht, immer das System inklusive seiner Relativität zu betrachten und zu verstehen. Dieses Kapitel gibt dir unter anderem also folgende Aufgaben mit auf deinen Weg: Finde heraus, was dich in deinem System glücklich macht, und entscheide dich bewusst für eine Wahrnehmung der Zeit. Denn eins steht fest, du kannst jeden Tag in deinem Leben nur einmal leben.

Die bekannten Unbekannten

Dass es im Leben für fast alle erdenklichen Aufgabenstellungen eine Lösung gibt, habe ich bereits im Kapitel „Die Gründung" beschrieben. Ich möchte dir an dieser Stelle einen weiteren Beweis dafür liefern. Gehen wir dafür kurz zurück an den Anfang.

Eine neue Herausforderung in einer fremden Stadt stand mir bevor und damit einhergehend auch eine Ungewissheit. Zumindest war es gefühlt so. Denn alle Szenarien, die ich mir vorstellte, konnte ich mir nur ausdenken, weil mir die einzelnen Bestandteile von jedem nur möglichen Szenario bekannt waren. Nicht immer mir persönlich, aber zumindest hatte ich davon gehört, es im Fernsehen gesehen oder von einem Mitmenschen erfahren. Ich hatte Respekt vor dem, was kommen würde, aber ich hatte keine Angst. Sonst hätte ich diesen Schritt nicht getan.

Trotzdem gibt es Menschen, die mit Angst und einem mulmigen Gefühl in die Zukunft schauen. Das habe ich in meinen vielen Gesprächen mit Freunden, Bekannten oder auch Fremden erfahren. Manche Menschen haben Angst vor dem Unbekannten in der Zukunft. Aus meiner vorab beschriebenen Erfahrung kann ich dazu nun Folgendes sagen:

99 % aller Unbekannten sind eigentlich bekannte

Herausforderungen. Wenn du mit um ihre Zukunft besorgten Personen sprichst und nachfragst, wovor sie genau Angst haben, dann wirst du feststellen, dass es zu 99 % der Fälle Herausforderungen sind, die schon einmal bewältigt wurden. Vielleicht haben andere Menschen sogar ein Buch darüber geschrieben oder ihre Erfahrungen mit anderen Bekannten geteilt.

Hättest du den Menschen zu Urzeiten erzählt, dass ihnen das Feuer auch einen Nutzen bringen kann, dann hätten sie dir sicher nicht geglaubt. Hättest du ihnen gezeigt, worin sein Mehrwert liegt, dann hätten sie eindeutig weniger lange in Angst davor gelebt.

Und jetzt mal ganz objektiv betrachtet: Muss man vor etwas Angst haben, was andere Menschen vor uns schon erlebt, erforscht und sogar überlebt haben? Ich denke nicht.

Da bleibt aber noch das letzte eine Prozent. Dieses möchte ich natürlich nicht unter den Tisch fallen lassen. Die Angst ist ein unangenehmes Gefühl. Das kenne ich. Jeder von uns versucht, das Gefühl schnellstmöglich loszuwerden. Aber ist dir mal aufgefallen, dass du das Gefühl erst loswerden kannst, wenn du die Angstquelle kennst? Denn erst wenn dir die Angstquelle bekannt ist, kannst du entscheiden, welches Handeln dir das Gefühl der Angst wieder nimmt. Ist Weglaufen die Lösung? Oder eher der Angriff, wie es so schön heißt?

Worauf ich hinauswill, ist Folgendes: Warum hast du vor etwas Unbekanntem Angst? Es ergibt keinen Sinn, vor etwas Angst zu haben, bevor man es überhaupt kennt. An das dir wirklich Unbekannte kannst du eigentlich noch nicht denken, sonst wäre es dir nicht unbekannt. Du hast auch Angst davor, wenn du es erkennst, aber noch nicht richtig durchdrungen oder verstanden hast. In diesen Momenten ist es wie mit den Urzeitmenschen und dem Feuer. Es ist dein Job, das dir gefühlt Unbekannte in etwas dir Bekanntes zu verwandeln. Dies schaffst du, indem du es versuchst zu verstehen. Erst dieses Handeln bietet die Möglichkeit, etwas gegen deine Angst zu tun. Denn wie eingangs erwähnt, bestehen 99 % der unbekannten eigentlich aus bekannten Herausforderungen.

Die Menschheit hat Erfahrung mit dem Leben. Unter anderem hilft dir Bildung dabei, Ängste abzubauen. Du brauchst also keine Angst vor etwas zu haben, außer es steht vor dir und will dich fressen ...

Trotzdem ist die Angst ein sehr gesunder Instinkt des Menschen. Wenn du dich in einer Situation nicht wohlfühlst, dann höre auf dein Gefühl. Das ist sehr wichtig. Du solltest jedoch lernen, wann der richtige Zeitpunkt dafür ist. Ein Beispiel:

Ich kenne viele Menschen, die Briefe oder Anträge von Ämtern oder Firmen nicht gerne öffnen, lesen oder gar beantworten mögen. Und das, obwohl sie noch nicht einmal genau wissen, was darin geschrieben steht. Sie haben quasi eine Art Angst vor dem Buchstabensalat, der ihnen beim Lesen entgegenspringt. Sie haben Angst davor, die förmliche Sprache nicht zu verstehen und bei ihrer Antwort Fehler zu begehen. Deshalb schieben es manche Menschen eine Ewigkeit auf, diese Dinge zu lesen und zu bearbeiten.

Schreiben und Lesen lernen wir in Deutschland ab der ersten Klasse. Wir wissen also, wie man liest und schreibt. Es liegt auf der Hand, dass manche Menschen ganz einfach zu faul sind, Worte nachzuschlagen oder Sätze zur Not fünfmal zu lesen, bis sie sie verstehen. Sie zeigen aus meiner Sicht also keinen Fluchtreflex vor etwas, was wir seit unserem sechsten Lebensjahr beginnen zu lernen, sondern vor der Unbequemlichkeit zu denken. Diese Art von Angst bzw. einem mulmigen Gefühl im Bauch ist damit komplett überflüssig. Das kommt aus meiner Sicht in unserer Gesellschaft öfter vor.

Wenn du analysierst, was genau dir ein negatives Gefühl bereitet, dann wirst du feststellen, dass es oft ein unberechtigtes Gefühl ist.

Wenn du zum Beispiel am Montagmorgen um sechs Uhr aufstehst und dich für die Arbeit fertig machst, dann hast du oft nicht wirklich Bock darauf, oder? Dieses Gefühl kenne ich. Ich will dir an dieser Stelle mal erzählen, wie ich dann dieses negative Gefühl loswerde.

Wenn ich morgens vor der Arbeit unter der Dusche stehe und mich frage, was eigentlich die faktische Ursache für mein schlechtes Gefühl ist oder, ganz einfach, warum ich eigentlich keinen Bock habe, dann gibt es in der Regel zwei Lösungswege.

Lösungsweg a) bestünde darin, mir das anstrengende Nachdenken über den Grund zu ersparen und mich einfach wieder ins Bett zu legen.

Lösung b) wäre das Nachdenken – der in der Regel zielführendere Weg. Wenn ich sämtliche Vor- und Nachteile gegenüberstelle, dann stelle ich immer wieder fest, dass das Zur-Arbeit-Gehen gar nichts wirklich Schlimmes ist. Es gibt gar keinen Grund für negative Gefühlswelten. Ich mache damit quasi nichts anderes, als das vermeintlich Unbekannte in etwas Bekanntes zu verwandeln. Denn es ist das Ungewisse, das mich stört. Die Ungewissheit löse ich auf, indem ich mir vorstelle, was ansteht und wie es sich dort anfühlen wird.

Du darfst also letztlich selbst entscheiden, ob es sinnvoll ist, schlechte Laune wegen nichts zu haben. Auch wenn es manchmal erlaubt ist. Das ist, denke ich, völlig normal. Doch die Lösung ist aus meiner Sicht einfach. Bringe deine Gefühle in einen Dialog mit deiner Logik bzw. Lebenserfahrung. Versuche dann deine Gefühle mit Logik davon zu überzeugen, dass nichts wirklich Schlimmes ansteht, was deine Gefühlswelt rechtfertigen würde. Lass die beiden einfach ein bisschen talken.

Und noch etwas:

Du bestimmst nicht die Welt, denn dafür ist die Welt zu mächtig. Aber du bestimmst dein Leben. Zu akzeptieren, dass es nicht immer nur nach deiner Komfortzone geht und sich manche Dinge vorab schlimmer abzeichnen, als sie wirklich sind, halte ich für eine grundlegende Voraussetzung für mehr Romantik in deinem Leben. Die Romantik nicht negativ damit behaftet, an später zu denken, sondern deine warme Dusche am Morgen schätzen und genießen zu können, das nenne ich Leben. Sei intelligent genug, um das zu erkennen.

Die Verpflichtung durch Talent

Hast du Eigenschaften, die dich von anderen Menschen unterscheiden? Ich denke, jeder von uns hat das. Wenn du ein Talent hast oder Wissen besitzt, dann wird es erst dann wertvoll, wenn du es auch teilst. Gibst du es weiter, dann profitierst nicht nur du davon.

Mit der nötigen Bescheidenheit, dem angebrachten Fleiß und dem Ziel, schwächeren Mitmenschen zu helfen, um ein starkes Ganzes zu erschaffen, machst du dich glücklicher. Ich denke, dass ein Talent in gewisser Weise dazu verpflichtet, es auch einzubringen. Damit meine ich zum Beispiel Dinge wie das Schreiben dieses Buches. Ich will den Leser zum Nachdenken anregen. Mein Ziel ist es, dass du nach dem Lesen dieses Buches neue Denkansätze besitzt, um mit offenen Augen durchs Leben zu gehen.

Was glaubst du, warum wir Menschen schließlich schon seit Urzeiten Teams bilden? Weil in Gruppen verschiedenste Talente eingebracht werden. Das macht uns flexibler und in der Regel auch leistungsstärker. Der Verbund von Menschen bietet viele Chancen und macht das Leben spannender. Nicht zuletzt gehören soziale Kontakte zu unseren Grundbedürfnissen.

Vor einiger Zeit saß ich mit einem Freund auf der Wiese vor dem Reichstagsgebäude in Berlin. Es war ein lauer Sommerabend. Eine Gruppe junger Menschen setzte sich nicht weit von uns auf den grünen Rasen. Aus ihrer Herkunft machten sie kein großes Geheimnis. Einige von ihnen trugen die spanische Nationalflagge über ihren Schultern. Sie machten Musik, sangen spanische Lieder und tanzten. Es dauerte nicht lange, bis weitere Menschen dazukamen. Letztlich gesellten auch wir uns dazu. Es entstand eine große und lebendige Gruppe aus jungen Menschen, deren Herkunft sich an verschiedensten Orten Europas wiederfand. Es war der Verbund unserer europäischen Union, der uns zusammenbrachte. Wir tauschten uns über unsere Probleme und Aufgaben im eigenen Land aus. Ein Austausch, der erst durch das Leben im Moment, die Neugierde und nicht zuletzt durch ein offenes Europa entstand. Dieses Beispiel zeigt, welche Chance ein gemeinsames Europa bietet. Nämlich die Chance, voneinander zu lernen. Vom Leben zu lernen.

Doch jetzt noch mal zum Titel dieses Kapitels. Was genau bedeutet eigentlich Talent?

Meine Lebenserfahrung hat mir bis hierhin gezeigt, dass mit Talent umgangssprachlich oft nur ein angeborenes „Können" gemeint ist. Aus meiner Sicht würde jedoch eher das Wort Gabe dazu passen, also etwas, das dir schon gegeben wurde, obwohl du kaum Energie hineingesteckt oder es erforscht hast. Wenn du beispielsweise ein Ingenieur bist, dann hast du in unserer heutigen Gesellschaft, so würden es viele unterschreiben, ein Talent für Naturwissenschaften. Du warst vielleicht gut in Mathe und in Physik und hast dich gerne mit Chemie befasst. Jedoch bin ich der Überzeugung, dass du das nicht gemacht hast, weil es dir als Talent überdurchschnittlich leichtfiel, sondern weil es dich begeistert hat. Nur deshalb hast du dich in diesem Bereich entwickelt. Nur deshalb beschreiben dich deine Mitmenschen auf diesem Gebiet als talentiert.

Ich denke hingegen, dass Talent wachsen und entstehen kann, indem man seine eigene Entwicklung vorantreibt. Triffst du auf neue Themengebiete oder schaust du dir Themen genauer und tiefgründiger an, dann kannst du neue spannende Dinge entdecken. Sie können in dir ein Potenzial wecken.

Jeder von uns kommt mit ähnlichen Randbedingungen auf diese Welt. Eine davon ist zum Beispiel im Kapitel „Die Relativität der Zeit" beschrieben. Wir werden nackt geboren und sind unter anderem durch unsere Erlebnisse im Mutterleib geprägt. Damit haben wir direkt nach unserer Geburt sehr häufig eine ähnliche Basis für den Start in unser Leben. Wie wir danach aufwachsen und was wir erleben, ist jedoch völlig unterschiedlich.

Ich habe in meiner Kindheit viel Liebe erfahren. Ich habe gefühlt und gelernt, was Geborgenheit bedeutet.

Ich habe jedoch nicht gelernt, worin meine eigenen Talente liegen, worin ich Potenzial besitze und welche Gaben ich vielleicht habe. Das lernte ich erst viel später auf dem Gymnasium. Ich stellte fest, dass ich meine Talente selbst erforschen muss. Ich musste herausfinden, was mir Spaß macht, um daraus die angemessene Ausdauer und Beharrlichkeit an den Tag zu legen, die ich für die Entwicklung meiner Talente benötige. Ohne Ausdauer wirst du es nie schaffen, in bestimmten Dingen besser als der Durchschnitt zu sein.

Du musst dein Talent fördern, damit es heraussticht. Du musst es so lange trainieren, bis es sich aus der Masse heraushebt. Dann erst werden du und dein Umfeld von deinem Talent profitieren. Gleiches solltest du auch in deinem Beruf tun. Wenn du der Meinung bist, dass du die Begeisterung dafür aufbringst, die Aufgaben in deiner Branche stets überdurchschnittlich zu meistern, dann fordere deine Förderung ein. Gib deinen Vorgesetzten die Chance, dich zu fördern. Talente zeichnen sich aus meiner Sicht vor allem dadurch aus, sich fördern zu lassen. Bring dich in die Position, von den Besten zu lernen, dann wirst du eines Tages zu den Besten deines Fachs gehören. Auch wenn es sich anfangs vielleicht nicht gut anfühlen mag, das „schwächste" Glied in der Kette zu sein, wirst du nur so am meisten lernen und deinen Entwicklungsanspruch an dein starkes Umfeld anpassen.

Wenn du dein Talent lange genug förderst, dann wird es zu einer unterbewussten Stärke von dir. Du wendest dein gewonnenes Talent immer mehr an, ohne darüber nachzudenken. Dein Talent wird damit immer effizienter. Dies gibt dir die Zeit, dich auf neuen Gebieten weiterzuentwickeln.

Jeder von uns hat das dafür nötige Potenzial. Davon bin ich überzeugt. Dies habe ich in der Schule und auch im Studium erfahren. Und dafür einen Marathon zu laufen lohnt sich, denn sprinten kann jeder.

Fakt ist, ohne Potenzial wäre eine Entwicklung nicht möglich. Und Fakt ist auch, jeder von uns entwickelt sich. Der eine mehr, der andere weniger stark. Und wir entwickeln uns in unterschiedliche Richtungen. Die Richtung deiner Entwicklung hast du selbst in der Hand. Du kannst dich zu einem zufriedenen und aus deiner Sicht erfolgreichen Menschen entwickeln. Genau dafür gibt es das Potenzial. Verschwende es nicht, indem du es ruhen lässt. Nimm deine Verpflichtung gegenüber dir und deinen Mitmenschen wahr. Es wird dich mit Romantik erfüllen. Du benötigst lediglich Begeisterung für das Leben.

Das Potenzial

Als ich noch zur Schule ging, waren folgende Sätze in meinem Umfeld Standard: „Mädchen sind häufiger schlecht in Mathe oder naturwissenschaftlichen Fächern als Jungen", „Mein Kind ist nicht so begabt in Sachen Sprachen", oder: „Biologie liegt ihm eben nicht." Ganz ehrlich: Diese Ausreden waren in der Schulzeit mein bester Freund. Das Spannende daran: Sie kamen nicht von mir, sondern von den Eltern.

Wenn mein Vokabeltest in die Hose gegangen war, dann lag es nicht daran, dass mir Englisch nicht liegt, sondern dass ich zu wenig oder auf die falsche Weise investiert hatte. Das wusste ich selbst am besten. Der Vergleich mit meinen Mitschülern hat mir gezeigt, dass jeder von uns unterschiedlich viel investieren musste, um ein ähnliches Ergebnis zu erreichen.

Wenn du das Gefühl hast, wesentlich mehr investieren zu müssen als andere, dann finde heraus, wie die Methodik des Lernens bei dir und bei den anderen aufgebaut ist. Häufig lernen wir aus meiner Sicht einfach uneffektiv, ohne es zu merken.

Ich denke, jeder von uns lernt unterschiedlich am zielführendsten. Wichtig ist also herauszufinden, wie du für dich am besten lernst. Nimm dir die Zeit, tiefer in die Materie einzusteigen, wenn du dich für ein

Themengebiet besonders interessierst, und sei effektiv, wenn es nicht der Fall sein sollte. Lege vor Beginn des Lernens deine Strategie und dein Ziel fest. Dafür musst du nur von dir selbst lernen, wie du dein Potenzial zum Erreichen deines Ziels herauskitzeln kannst. Ob über das Sehen, Schreiben, Fühlen oder über das Hören.

Um zu lernen, wie du dein Lernen perfektionierst, benötigst du etwas Zeit und Erfahrung im Fleißigsein. Eines ist aus meiner Sicht klar: Es ist gut investierte Zeit. Analysiere, wie, wann und wo du am besten lernen kannst. Denn fahrlässig wäre es, viel zu investieren und wenig Ertrag zu erhalten. Damit vernichtest du einfach nur Lebenszeit und machst dein Leben unnötig schwer. Sei ein leidenschaftlicher Investor in deine Zukunft. Denn mal ganz ehrlich, welche Zeit ist besser angelegt als die Zeit zur Verbesserung deiner eigenen Zukunft? Jeder von uns besitzt aus meiner Sicht das Potenzial dafür. Ja, auch wenn dir Mathematik angeblich nicht so liegt ...

In der fünften Klasse wurde bei mir eine Lese- und Rechtschreibschwäche nachweislich festgestellt. Und das nach jahrelangen Enttäuschungen bei Aufsätzen, Testaten und Vokabeltests. Es fühlte sich an wie eine Erlösung. Endlich bekam ich Unterstützung durch das Ignorieren meiner Schwäche in Klausuren oder Tests in Bezug auf meine Benotung. Meine Noten wurden schlagartig besser und mein Leben wurde einfacher.

Doch was ich als junger Mensch nicht sofort bemerkte, war die ansteigende Faulheit, an meinen Schwächen zu arbeiten.

Man gab mir mit der Anerkennung quasi eine Ausrede an die Hand und schickte mich wieder in den Unterricht. Ich erkannte in dieser vermeintlichen Ausrede allerdings nicht auf Anhieb den Zeitpuffer, der langsam ablief. Nämlich jenen, welcher mir gegeben wurde, um mein Lesen und Schreiben auf ein ähnliches Niveau wie ein Durchschnittsschüler zu heben. Wie man jedoch unschwer feststellt, erkannte ich es noch zur rechten Zeit ...

Die Lehre daraus: Höre niemals auf, an dir zu arbeiten, indem du dich auf Ausreden ausruhst. Sie sind das Hindernis zum Abrufen deiner Potenziale. Deine Aufgabe ist es, diese Ausreden zu erkennen und sie damit von der Vernichtung deiner Potenziale abzuhalten. Du wirst überrascht sein, was du zu leisten im Stande bist, wenn du es nur wirklich willst.

Wie man anhand dieses Buches sieht, habe ich die Kurve bekommen und mein Potenzial beim Schreiben entfesselt. Nicht nur weil ich gemerkt habe, dass mir das gegebene Alibi keine langfristigen Lösungen bot, sondern auch weil ich mich und mein Lernverhalten immer besser kennengelernt hatte. Jeder von uns hat das nötige Potenzial, den Turnaround zu schaffen. Wenn du für dich gelernt hast, richtig zu lernen, und die nötige Ausdauer mitbringst, dann wirst du Ergebnisse erzielen. Ergebnisse, die dich zufrieden machen werden. Ich garantiere dir, nach den ersten Erfolgserlebnissen wirst du süchtig nach ihnen werden. Ich weiß es, denn ich bin bereits süchtig nach der Ernte des Erfolgs.

Außerdem solltest du dir gut überlegen, um welche deiner Potenziale du dich nur halbherzig kümmerst. Wenn dir etwas wichtig ist, dann mach es richtig und mit voller Überzeugung. Bist du mit deinem Ergebnis zufrieden, dann bist du es auch mit dir. Du bestimmst, wie du deinen Erfolg definierst, und niemand sonst.

Zusammengefasst heißt das: Konzentriere dich auf deine wesentlichen Potenziale, ohne zu vergessen, deine Schwächen auf ein durchschnittliches Niveau zu heben.

Ich bin mir sicher, du hast genügend Potenzial, um deine Ziele zu erreichen. Bringe dich Schritt für Schritt deinen Zielen näher. Ausbauen kannst du sie dann jederzeit.

Noch ein wichtiger Hinweis am Ende: Es gibt im Leben keine Investitionen ohne Risiko. Dazu gehört auch die Investition in deine Zukunft. Wichtig ist, dass du das Risiko erkennst und einzuschätzen lernst. Ich habe einen Freund, dessen Meinung ich dir zu diesem Thema nicht vorenthalten will. Er sagte mir zum Thema Risiko immer Folgendes: „Andre, du kannst

100 % verlieren, aber du kannst mehr als 100 % gewinnen." Auch wenn das eher auf finanzielle Investitionen bezogen war, kann man daraus durchaus etwas mitnehmen. Der Unterschied zum Leben ist dabei folgender: Du wirst mit einer gesunden Gründung niemals alles verlieren. Damit also niemals die 100 %. Wenn du es allerdings nie versuchst, dann wirst du auch nie zu 100 % das erreichen können, was dir wichtig ist. Habe den Mut, Fehler zu begehen, und provoziere deinen persönlichen Erfolg.

Wie ich das mache? Dazu im nächsten Kapitel mehr.

Die Provokation des Glücks

Was bedeutet eigentlich Glück? Eine Frage, die ich schon im Religionsunterricht gestellt bekommen habe und mit deren Antwort ich sicher ein ganzes Buch füllen könnte. Deshalb möchte ich Glück an dieser Stelle einmal kurz und knapp auf meine Weise definieren:

Wenn ich auf den Ausgang einer Situation keinen Einfluss mehr habe und der Ausgang oder die Folgen dieser Situation meinem Wunsch entsprechen oder zu meinen Gunsten verlaufen, dann habe ich aus meiner Sicht Glück.

Ein Beispiel: Wenn ich als Kapitän meiner Fußballmannschaft am Mittelkreis stehe und um den Anstoß des Spiels buhle, dann entscheide ich mich vor dem Münzwurf für eine der beiden Seiten. Ob diese dann fällt oder nicht, darauf habe ich keinen Einfluss mehr. Ob diese Art von Glück für dein Leben dann relevant ist, dazu erzähle ich dir später mehr.

Wichtig ist zu verstehen, dass „Glück haben" dabei nichts mit „glücklich sein" zu tun hat. Das sind aus meiner Sicht zwei völlig unterschiedliche Paar Schuhe. Während sich Glückhaben schon in winzigen Situationen zeigen kann, beschreibt das Glücklichsein einen Zustand, der aus sehr vielen Faktoren besteht, die dein

Leben beeinflussen. Dieser Zustand wird aus Sicht eines jeden Menschen unterschiedlich beurteilt.

Wenn ich mein Leben bis zum Zeitpunkt des Schreibens dieser Seite reflektiere, dann sehe ich einen Menschen, der sehr viel Glück gehabt hat. Daraus brauche ich kein großes Geheimnis zu machen. Jedoch glaube ich fest daran, und so habe ich es auch gemacht, dass jeder sein Glück regelrecht provozieren kann. So lange, bis es auf seine Seite schlägt. Wie ich darauf komme?

Stell dir vor, du bewirbst dich um eine neue Arbeitsstelle. Ob du genommen wirst oder nicht, hängt von vielen Faktoren ab. Mal angenommen, deine Kompetenzen erfüllen die Anforderungen der Stellenausschreibung. Dann ist ein positives Feedback im Wesentlichen von Konkurrenz, Vakanz und persönlichem Eindruck abhängig. Die ersten beiden Punkte kannst du nicht beeinflussen. Dafür benötigst du das nötige Glück, zur rechten Zeit das richtige Unternehmen anzuschreiben.

Vielleicht hast du das Glück und bekommst die Stelle. Bekommst du allerdings keinen Job nach den ersten fünf Bewerbungen, dann beginnt das Spiel mit dem Glück. Fordere das Glück weiter heraus. Provoziere es. Lass es einfach so lange darauf ankommen, bis du den Zuschlag bekommst. Ich garantiere dir, es wird dich irgendwann aufsuchen.

Das, worauf du wirklich stolz sein kannst, ist, dass du deinen Teil zum Glück beigetragen hast, indem du es immer weiter versucht hast. Indem du Umwege gegangen bist und den absoluten Willen an den Tag gelegt hast, hast du dem Glück keine andere Wahl mehr gelassen. Du hast dir das Glück quasi zu deinen Gunsten gebogen.

Wie ich eingangs schon angedeutet habe, gibt es für mich zwei Arten von Glück. Ich würde es, einfach gesagt, das „irrelevante" und das „relevante" Glück nennen. Dafür gibt es Millionen von Beispielen. Wenn etwas für dein Leben relevant ist, dann bleib dran und sei ein Torero, der das Glück herausfordert. Wenn etwas nicht so relevant für dein Leben ist, dann lass das Glück entscheiden, wie es gerade Lust hat. Damit hat auch das Glück mal Erfolgserlebnisse.

Wichtig ist für dich zu bemerken, wann das Glück wichtig und wann es unwichtig für dich und dein Leben ist.

Wenn dein liebster Fußballclub zum Beispiel „unglücklich" verliert, solltest du dich dann darüber aufregen? Dich ärgern, ja, sogar schlecht gelaunt nach Hause gehen? Klar, denn wenn andere versagen oder kein Glück haben, dann sollte das Einfluss auf dein Leben nehmen ...

Ich hoffe, du verstehst meine Ironie, aber ob du es glaubst oder nicht, viele Menschen ticken so. Ich habe es selbst schon sehr oft nach einem Spiel beobachten dürfen.

Sensibilisiere dich dafür, wann du Glück wirklich brauchst, wie du es provozierst und wann es dich und nicht andere betrifft. Ein gesunder Egoismus ist dabei durchaus erlaubt.

Außerdem halte ich es für äußerst wichtig, die Entscheidungen des Glücks oder Zufalls zu akzeptieren. Denn die Entscheidung des Zufalls ist dann schon gefallen. Sie zu revidieren ist nahezu unmöglich. Du änderst rein gar nichts, indem du emotional darauf reagierst. Auch wenn es manchmal schwerfällt, das muss ich ehrlich zugeben. Die angemessene Reaktion ist das Weitermachen. Genauso wie ich es im Kapitel „Die Gründung" beschrieben habe. Wenn etwas dein System aus dem Gleichgewicht bringt, dann heißt das noch lange nicht, dass du die Baustoffe, aus denen dein Leben besteht, verloren hast. Es ist dein Job, sie wieder zusammenzusetzen.

Um das Glück herauszufordern, benötigst du sehr häufig eine elementare Eigenschaft, die du dein Leben lang nicht verlieren solltest: den Mut.

Der Mut

Wir alle wissen, dass es auf Deutschlands Straßen verhältnismäßig mehr Verkehrstote unter Autofahrern gibt als Todesopfer durch Flugzeugabstürze. Trotzdem müssen viele Menschen gefühlt mehr Mut zum Fliegen aufbringen als zum Autofahren.

Ich will damit sagen, Risiken gehören zu unserem Leben genauso dazu wie die Bereitschaft, diese auch einzugehen. Dafür benötigst du Mut. Egal ob Flugzeug oder Auto. Auch wenn bei diesem Vergleich der nötige Mut in der Realität etwas falsch verteilt ist ...

Wenn wir Entscheidungen treffen, sei es bei der Suche eines Weges zu einem bestimmten Ort oder bei der Wahl einer geeigneten Betonsorte, um ein Fundament zu betonieren, gehen wir das Risiko einer Fehlentscheidung ein. Frei nach dem Motto „Hinterher ist man immer schlauer" bewerten wir die Folgen unserer getroffenen Entscheidungen. Nicht selten bemerken wir dann, dass wir eine vermeintlich bessere Entscheidung hätten treffen können. Das fühlt sich oft schlecht an, ich kenne dieses Gefühl.

Du solltest dir dann jedoch folgende zwei Fragen stellen: War es zum Zeitpunkt der Entscheidung nötig, eine Entscheidung zu treffen? Und hast du im Moment der Entscheidung eine für dich logische Begründung für deine Lösungsfindung gehabt? Mit anderen Worten: War deine Entscheidung in diesem Moment die aus deiner Sicht richtige Entscheidung?

Ja, ja und ja? Dann lautet die Antwort: Gut gemacht! Egal wie das Ergebnis auch aussieht.

Wir müssen in unserem Leben Entscheidungen treffen. Ansonsten entwickeln wir uns nicht weiter. Egal ob die Entscheidung im Nachhinein richtig oder falsch war, beide Ausgänge bringen dein Leben voran. Du musst den Mut aufbringen, Fehler zu machen, und der Erkenntnis einer Fehlentscheidung nicht mit einem negativen Gefühl entgegenstehen. Fehler zu begehen ist das Normalste der Welt. Nicht den Mut aufzubringen, eine Entscheidung zu treffen, wäre der wahre Fehler. Er bedeutet Stillstand.

Stell dir vor, dein Leben ist ein Zug und du stehst vor einer Weiche. Du kannst dich entscheiden, ob du links oder rechts fahren möchtest. Egal ob deine Entscheidung für dich positiv oder negativ ausfallen wird, du wirst vorwärtskommen.

Und das noch nebenbei: Zwei Entscheidungen wurden dir bereits abgenommen. Nämlich dass du geboren wirst und dass du die Erde wieder verlassen wirst. Alles, was in der Zeit dazwischen passiert, entscheidest du zu einem sehr großen Teil selbst.

Ohne Mut wäre die Welt nicht so, wie sie heute ist.

Vertraue auf deinen eigenen Kopf oder, wie es Immanuel Kant im Jahre 1784 ausdrückte:

„Habe Mut, dich deines eigenen Verstandes zu bedienen!" [3]

Triff deine eigenen Entscheidungen. Denn wenn du es schaffst, falsche Entscheidungen als normal anzusehen, dann wirst du es auch schaffen, mehr Verantwortung zu übernehmen. Mehr Verantwortung für dein Leben und für das Leben in deinem Umfeld.

Auch um das Glück zu provozieren, bedarf es Mut. Es bei der Bewerbung um eine Arbeitsstelle immer weiter zu versuchen zeigt, dass du mit Rückschlägen umgehen kannst. Es zeigt, dass du immer wieder den Mut aufbringst, eine Absage zu kassieren. Denn mal ganz im Ernst: Was ändert eine Absage schon an deinem Leben? Nichts!

Vertraue dir selbst und sei mutig. Manchmal früher und manchmal später wird es mehr Glück und Romantik in dein Leben bringen. Ohne Mut würde das Wort „genial" heute vielleicht gar nicht existieren ...

Die Bewertung

Können wir etwas nicht bewerten, wie beispielsweise die Qualität von Kleidung, dann beurteilen wir einfach nach Marke oder Preis – zwei ganz einfache Hilfsmittel. Bleibt nur zu hoffen, dass die repräsentierte Qualität durch einen Namen oder einen Preis auch eingehalten wird. Wir haben kaum eine andere Wahl zu entscheiden, wenn wir uns keine 15 Minuten Zeit nehmen, um uns mit den grundlegenden Qualitätsmerkmalen von beispielsweise Socken zu beschäftigen (z. B.: Welche Materialarten gibt es überhaupt? Baumwolle, Schurwolle, künstliche Produkte usw.). Man kann relativ schnell die für sich geeigneten Produkte finden, wenn man sich grundlegend mit ihnen auseinandersetzt. Am Beispiel der Socken muss ich nicht einmal über Detailwissen verfügen. Wenn du Material und Verarbeitung für deine Anforderungen bestimmen kannst, dann reicht dies völlig zur Beurteilung der für dich idealen Ware aus. Also stell dein Wissen in der Breite gut auf.

Diese Herangehensweise wird dir im Übrigen auch viele Zusammenhänge im Leben deutlich machen. Das heißt natürlich nicht, dass du im Leben kein Wissen in der Tiefe benötigst. Gerade beruflich ist eine Spezialisierung auf bestimmte Aufgabengebiete nicht unbedingt von Nachteil.

Aber noch mal zurück zur Bewertung. Es ist teilweise nicht wichtig, bei der heutigen großen Auswahl immer das Beste herauszusuchen. Oft reicht es auch aus, etwas Durchschnittliches zu besitzen und dafür den Vergleichsvorgang abgeschlossen zu haben. Mit anderen Worten: Man kann Dinge auch unendlich lange bewerten. Doch ist das sinnvoll? Aus meiner Sicht ist es eine Frage der Effizienz. Erkenne, wann du deinen Grenznutzen gefunden hast.

Auch in diesem Kapitel möchte ich nochmals eine der wichtigsten Komponenten im Leben aufgreifen. Genauso wie Atmen gehört es zum Leben dazu, ständig Entscheidungen zu treffen. Um Entscheidungen treffen zu können, kommst du um eine Bewertung deiner Entscheidungsmöglichkeiten nicht herum.

Hierzu ein Beispiel: Du willst dir ein neues Auto kaufen. Du vergleichst Marken, Farben, Motorisierung, Sicherheit und, und, und. Nach drei Tagen Recherche hast du noch drei Modelle im engeren Favoritenkreis. Bist du so weit gekommen, hast du alles richtig gemacht. Oft fangen Menschen dann jedoch an, sich durch Meinungen anderer Menschen beeinflussen zu lassen. Zum Beispiel durch ihre Eltern oder Nachbarn. Genau ab diesem Zeitpunkt greift ein aus meiner Sicht kritisches Bewertungsmittel in unserer Gesellschaft, welches du mit Logik genauestens hinterfragen solltest: die Konvention.

Die Konvention

Was gilt in unserer Gesellschaft als erstrebenswert und was nicht? Das Problem an gesellschaftlichen „Must-haves" und Dingen, die man hierzulande „einfach nicht macht", ist, dass wir viele dieser Dinge für andere Menschen tun oder eben nicht tun. Wir machen in unserem Leben Dinge, weil sie aus Sicht der Allgemeinheit (Familie, Freundeskreis, Arbeitskollegen usw.) für erstrebenswert gehalten werden.

Wir kaufen uns ein Auto einer Luxusklasse, weil wir damit Ansehen von unseren Bekannten und Nachbarn erhalten und nicht weil wir es wirklich brauchen. Wir kaufen uns ein Handy eines bestimmten Herstellers, weil dieser gerade hip ist und nicht weil es sinnvoll ist.

Hast du dich auch schon mal auf Meinungen anderer verlassen, anstatt dir selbst ein Bild zu machen? Anstatt eine Entscheidung zu treffen, die du entgegen der Meinung anderer gefällt hast? Sicherlich. Ich denke, wir alle haben das schon getan. Doch die Mehrheit hat nicht immer Recht, das sollte uns allen spätestens seit dem Zweiten Weltkrieg klar geworden sein.

Mach dir deine Entscheidungen nicht durch Meinungen anderer Mitmenschen kaputt. Entscheide du, was für dich die richtige Entscheidung ist. Hole dir Rat bei den Menschen ein, die in ihren Disziplinen erfolgreich sind oder erfolgreich waren, aber bewerte diese nach deinen logischen Kriterien. Ich garantiere dir, die eigenständig getroffenen Entscheidungen werden es dir leichter machen, die eigentlichen Lehren des Lebens zu verstehen. Die Grundlage dazu habe ich dir schon im vorangegangenen Kapitel erläutert.

Das Ziel

Um Ziele zu erreichen, ist die richtige Kommunikation unabdingbar. Was ich damit genau meine? Hier ein Beispiel dazu:

In einer kleinen Markthalle gibt es jeden Tag frisches Obst und Gemüse. Nicht nur Nachbar A, sondern auch Nachbar B kaufen sich beide eine 500-Gramm-Schale Orangen. Da die Markthalle sehr voll ist, kommt es zu einem leichten Gedränge vor den Marktständen und eine Orange fällt aus dem Körbchen auf den Boden. Die Nachbarn schauen sich an, beide ein Schälchen Orangen in der Hand haltend. Beide sind ahnungslos, aus welchem Korb die Orange gefallen war. Beide beanspruchen sie für sich. Der Obsthändler bekommt die Situation mit und schreitet ein: „Meine Herren, lassen Sie mich Ihnen einen Vorschlag machen. Was halten Sie davon, wenn ich Ihnen die Orange mit einem sauberen Messer in der Mitte teile und Ihnen jeweils eine halbe Orange einpacke?" Die Nachbarn sind einverstanden. Eine halbe Orange ist mehr als keine Orange. Schließlich einigen sie sich auf diese Lösung und beide Parteien gehen zufrieden mit ihrem Orangendeal nach Hause.

Auf den ersten Blick sieht es nach einem fairen Deal aus. Niemand hat den anderen ausgenutzt oder ihn sogar um eine Orange betrogen.

Doch wofür brauchen sie eigentlich die Orangen?

Zu Hause angekommen, beginnt Nachbar A mit dem Essen seiner Orangen. Er schält sie und genießt das frische Fruchtfleisch seiner saftigen Orangen. Nachbar B hingegen schält seine Orangen und verwendet lediglich die Schale seiner Orangen, um einen Kuchen zu backen. Das Fruchtfleisch braucht er eigentlich nicht.

Es hätten also beide bekommen können, was sie wollten. Sie haben es nur nicht exakt genug kommuniziert. Vielleicht ist es ein etwas banales Beispiel, aber es zeigt ganz klar, wo die Schwäche vieler Menschen liegt. Sag, was du willst, und versuche zu verstehen, was andere wollen. Stell die richtigen Fragen, denn wer fragt, der führt das Gespräch an der Leine spazieren. Er bestimmt, wo die Inhalte eines Gesprächs liegen und welche Informationen er von seinem Gegenüber bekommt.

Ein weiterer Schritt zum Erreichen deiner Ziele liegt darin, individuelle Lösungswege zu finden. Hierzu ein weiteres Beispiel:

Würde Mr. H. Ford vor uns stehen und sollte uns sagen, was sich die Menschen zu seiner Zeit damals von ihm gewünscht hätten, dann würde er sicher in etwa so antworten: „Wenn ich die Leute fragen würde, was sie haben wollen, dann hätten sie mir geantwortet, dass sie schnellere und leistungsfähigere Pferde haben wollen."

Ist es also sinnvoll, über Antriebsänderungen von Autos nachzudenken? Vielleicht ja, jedoch ist das nur die Lösung eines kleinen Teils des Problems, nämlich die Minderung von Abgasen in unseren Ballungszentren. Ist die Infrastruktur der Zukunft nicht eine vielleicht ganz andere? Sollten wir nicht vielleicht versuchen, anders zu denken, eine komplett neue Richtung in unserem Infrastrukturdenken einzuschlagen und eine Welt voll mit Autos abzulösen?

Wenn ich mit einem Auto durch Berlin fahre, dann stehe ich oft mehr, als dass ich fahre. Ein Auto nimmt eine Fläche von ca. acht m² in Anspruch, um nicht selten lediglich eine Person zu transportieren. Auch aus diesem Grund sollte man darüber nachdenken, ob Elektroantriebe die wahre Lösung sein können. Mal ganz davon abgesehen, dass an elektrogetriebenen Autos schon vor der Erfindung des Verbrennermotors geforscht wurde. Hätten wir schon heute einen Schritt weiter sein können?

Anhand dieses Beispiels möchte ich zeigen, dass die Herangehensweise zum Erreichen deiner Ziele völlig unterschiedlich aussehen kann und in deinen Augen vielleicht auch völlig anders aussehen muss. Trau dir etwas zu! Habe den Mut, Fehler zu machen, und gehe von verschiedenen Seiten an die zu lösenden Aufgaben zum Erreichen deiner Ziele heran. Und bedenke: Die Mehrheit hat nicht immer Recht. Dafür gibt es in unserer Gesellschaft genügend Beispiele. Genau in diesem Moment, in dem du diesen Satz liest, bekommen lediglich 50 % aller Juristen auf dieser Erde Recht. Denn in einem Streitfall bekommt in der Regel nur einer der beiden Parteien Recht. Es geht im Leben nicht immer um den richtigen oder falschen Weg, es geht lediglich darum, weiterzumachen und daraus zu lernen. Dich wird nichts einfach so ausradieren. Du kannst dich nur weiterentwickeln.

Der Korridor

Doch was sind überhaupt deine Ziele?

Ich habe mir diese Frage, wie ich finde, relativ spät in meinem Leben gestellt. Das Leben brachte mir in meinen ersten Uni-Semestern bei, dass vieles nicht so kommt, wie ich es vielleicht erwarte. Sowohl beruflich als auch privat. Dies führt mich zu meiner nächsten Lehre.

Baue dir einen Korridor, in welchem du auf deine Ziele hinarbeitest. In diesem Korridor kannst du dich frei bewegen. Kommt etwas anders als gedacht, dann kannst du innerhalb deines Korridors ganz bequem einen kleinen Umweg gehen und bleibst immer in deiner Einflugschneise.

Es werden sich links oder rechts deines Korridors neue Türen öffnen. Du wirst diese Türen nur entdecken, wenn du dich auf sie zubewegst, denn aus der Ferne sind sie nicht erkennbar. Du kannst jederzeit für dich bewerten, ob du sie nutzen möchtest. Ob sie eine Chance oder ein zu großes Risiko für dich bedeuten. Aber sei flexibel und nutze deine Chancen. Führen sie dich von deinem alten Korridor ab, dann definierst du einfach deinen Korridor neu. Er wird dir helfen, auf Kurs zu bleiben, und dir sagen, warum du gerade das tust, was du tust.

Wenn du klare Ziele hast, von denen du nicht abweichen willst, dann habe ich noch einen weiteren Tipp für dich.

Du solltest deine Ziele schriftlich fixieren und mehr oder weniger regelmäßig wiederholen, damit sie sich festigen. Das Geschriebene gibt dir die Chance, dich ganz bewusst jederzeit wieder in deinen Korridor zu schubsen, wenn es mal nötig ist.

Wenn mir jemand sagt, dass sein berufliches Ziel darin liege, Karriere zu machen, dann, denke ich, meint er eigentlich, dass er erfolgreich sein möchte. Was Erfolg ist, definierst du selbst. Was Karriere ist, definiert oft unsere Gesellschaft.

Erreichst du ein Ziel, egal wie klein es aussehen mag, dann bist du erfolgreich gewesen.

Mache dir das immer wieder bewusst. Sich selbst zu loben ist dabei erlaubt. Trotzdem machen es die wenigsten. Sei stolz auf deine Erfolge, denn das motiviert dich, an deinen nächsten Aufgaben und Zielen mit Leidenschaft zu arbeiten.

Mach also keine Karriere, sondern sei erfolgreich!

Wenn das Kapitel dir bis hierhin gefallen hat, du aber noch nicht wirklich einen Korridor festlegen kannst, dann solltest du dir grundlegendere Gedanken machen. Diese sollten auf jeden Fall nachfolgende Fragestellung beinhalten.

Warum bist du auf dieser Erde, welchen Sinn hat

das Leben für dich? Die Antwort auf diese Frage ist nicht einfach. Sie sieht für jeden für uns unterschiedlich aus und sie entwickelt sich auch für jeden von uns ständig weiter. Manche gehen religiös an diese Fragestellung heran. Manche tun dies mit philosophischen Ansätzen. Meine Erfahrung hat mir gezeigt, dass jeder diese elementare Frage für sich beantworten sollte. Die Antwort auf diese Frage ist die Basis für dein Handeln und deine Ziele. Du musst sie nicht heute oder morgen beantwortet haben. Nimm dir einfach die Zeit, die du dafür benötigst, um eine Antwort zu finden, die dich zufriedenstellt. Ich behaupte, die Antwort auf diese Frage hat das Leben dir schon gezeigt. Dir ist sie vielleicht nur noch nicht bewusst.

Lege auch fest, wann du dein Leben effizienter gestalten willst und wann du dir Pausen vom schnelllebigen Alltag gönnen möchtest, um die Romantik des Moments zu genießen. Ja, du darfst deine Genussphasen genauso planen, wie du es mit deinen „wichtigen" Terminen im Alltag tust. Du hast die Aufgabe, Verantwortung für dich zu übernehmen – für dich, deine Gesundheit und für deinen Lebensweg. Dein Korridor wird dich dabei stützen wie ein Korsett.

Das Duell wird zum Duett

Vor einigen Jahren reiste ich nach Chile, um einen Freund während seines Auslandssemesters zu besuchen. Er studierte in der Küstenstadt Valparaíso. Schon der Name der Hafenstadt am Pazifischen Ozean versprach das „paraíso". Ich machte mich also auf den Weg, einmal um den Erdball zu reisen. Gleich die ersten Tage meiner Reise auf einem anderen Kontinent haben mir gezeigt, dass ich einen unbezahlbaren Vorteil gegenüber dem herkömmlichen Pauschaltourismus hatte. Aufgrund der bereits vorhandenen Kontakte meines dort studierenden Freundes lernte ich schnell viele Chilenen kennen. Wir aßen zusammen zu Abend, wir gingen aus, sie zeigten mir ihre Stadt und wir sprachen über das Leben in Chile und über ihre Einstellungen zum Leben. Ich besuchte sogar eine Geburtstagsparty einer Chilenin.

Zusammengefasst: Ich war mittendrin. Mittendrin im Leben der Chilenen, die ebenso wie ich an ihrem Studium und ihren Träumen arbeiteten.

Sie zeigten mir jedoch nicht nur die Sonnenseiten ihrer Region, sondern auch Dinge, die in ihrer Heimat noch nicht so funktionierten, wie sie es sich erhofften. Dazu gehörten zum Beispiel auch die regelmäßigen

Studentenaufstände für ein faireres Bildungssystem. Diese wurden oftmals mit viel Gewalt beendet.

Aus meiner Sicht lernte ich ein junges Land mit vielen engagierten Menschen kennen, die jedoch eines grundsätzlich von der deutschen Kultur unterschied.

Wenn Kulturen verglichen werden, dann werden ihre Unterschiede häufig durch Religionen oder Bräuche und Feste hervorgehoben.

Durch meinen Einblick in das chilenische Leben stellte ich fest, dass die Liebe zum Leben, der Genuss und auch die Liebe zu Mitmenschen und der Familie dort einen wesentlich höheren Stellenwert besitzen als bei uns in Deutschland.

Der große kulturelle Unterschied zwischen Mitteleuropa und Lateinamerika liegt vor allem im Umgang mit der Zeit und damit in der Handhabung von Effizienz und Romantik. Die Menschen dort berühren sich, und das nicht nur bei der Begrüßung. Es ist Teil der Kommunikation. Die Wahrnehmung für Umwelt und Mitmenschen ist eine wesentlich bewusstere und intensivere, als sie bei uns der Fall ist.

Manche Menschen bauen in unseren Regionen zu ihrem eigenen Leben eine Distanz auf, ohne es zu merken. Sie verlieren sich in ihren Aufgaben. Der Bezug zu den Dingen um sie herum geht verloren. Der Moment ist kaum noch existent. Traurig, aber wahr: Der Mensch in Deutschland lässt lieber Blubberblasen auf seinem Handy zerplatzen, als sich mit seiner Umwelt auseinanderzusetzen.

Bestes Beispiel dafür sind die Fahrgäste einer S-Bahn. Sie versinken in einer anderen Welt, aber nicht in der, in der sie leben. Gerade in den Momenten, in denen wir nicht unserer Arbeit nachgehen, sollten wir doch genießen, uns bilden und uns mit unseren Mitmenschen und unserer Umwelt auseinandersetzen.

Doch auch wenn wir gerade nicht am Handy spielen, denken wir in der Regel an Dinge, die wir zum Zeitpunkt des Denkens nicht haben oder die es noch nicht gibt. Auch das Reflektieren vergangener Zeiten ist Bestandteil. Ich halte beide Gedankenwege für richtig und wichtig. Jedoch solltest du nie das Hier und Jetzt aus den Augen verlieren. Man denkt in der Regel nicht so oft an Dinge, die schon hinter einem liegen und die man schon erreicht hat. Oft kommt die Wertschätzung für unseren Standard zu kurz. Die Welt ist spannend, und gelegentlich solltest du es dir bewusst machen. Nimm dir Zeit für die Romantik des Lebens. Schätze deine Mitmenschen und schätze das Leben.

Ich habe in meiner Zeit als Student auch einige südeuropäische Freunde gewonnen. Sie waren es unter anderem, die mir gezeigt haben, was es heißt zu genießen. Sie ließen ein Treffen gerne einfach platzen, wenn sie auf dem Weg zum Treffpunkt einen Ort gefunden hatten, der ihnen gefallen hat. Dies konnte zum

Beispiel der Auftritt einer Straßenband oder der Sonnenuntergang sein, betrachtet aus einem gemütlichen Liegestuhl. Diese Form des Genusses kann einen ordnungsliebenden Deutschen sicher zur Weißglut bringen, aber es zeigt, wie es auch gehen kann.

Wenn hierzulande ein Mensch auf einen verspäteten Zug wartet, dann ist das für ihn oft eine Qual. Wenn so etwas in südlicheren Teilen Europas oder gar in Lateinamerika vorkommt, dann wandelt sich die Qual in Romantik. Man setzt sich dort einfach ins nächste Café und genießt die unerwartet gewonnene Zeit.

Denn was spricht dagegen, Zeit zu haben? Du musst dem Warten nur mit Geduld und im besten Falle mit Genuss entgegentreten. Die Romantik kommt in unserer Region aus meiner Sicht also oft zu kurz. Es sollte jeder selbst darüber urteilen, wie viel Romantik er sich in seinem Leben zugesteht, wichtig ist nur, dass er es überhaupt für sich beurteilt.

Wenn du nun vielleicht denkst, dass die von mir gelobte Romantik mit Stillstand oder gar Faulenzen gleichzusetzen ist, dann kann ich dir eine ganz andere Erfahrung entgegensetzen.

Hast du nicht auch schon mal durch Zufall Dinge entdeckt, die dich begeistert oder neugierig gemacht haben? Wenn du im Moment lebst und genau hinschaust, dann kannst du die Dinge viel intensiver und vielfältiger wahrnehmen. Es bringt dich auf neue

Ideen und zeigt dir neue Facetten, ohne dass du nach diesen gezielt gesucht hast.

Das englische Wort „serendipity" beschreibt dieses Phänomen. Das beste Beispiel dafür ist die Nutzung von Suchmaschinen im Internet. Du findest immer wieder neue interessante Artikel und Inhalte zu einem Thema, nach denen du bei deiner Sucheingabe nicht unbedingt gesucht hast. Das ist die Belohnung für Neugierde und erzeugt die Romantik in deinem Leben. Das macht dein Leben spannend. Ein immer größer werdender Horizont. Er bedeutet Freiheit: einfach immer mehr Dinge tun zu können, aber nicht unbedingt tun zu müssen.

Häufig suchen wir nach Effizienz. Sie ist in unserer Gesellschaft sehr verbreitet. Wir wenden die effiziente Art der Lösungssuche zum Beispiel täglich auf den meisten unserer Arbeitsstellen an. Effizienz ist wichtig. Effizienz ist jedoch nichts anderes als der optimierte Weg zum Ergebnis bzw. zur Lösung einer Aufgabenstellung. Das Ergebnis dieses Vorgehens sind in der Regel reine Ergebnisse.

Wenn ich auf dem Weg zur Arbeit bin, dann wähle ich jedoch nicht immer den schnellsten Weg. Ich wähle den schöneren. Ich wähle den Weg, auf den ich gerade Lust habe. Ich investiere diese zehn Minuten am Tag, um den Moment zu genießen. Um die Schönheit des Lebens auf mich wirken zu lassen.

Du hast also die Wahl, ob du dich der Nichteffizienz und damit der Romantik in einem gesunden Maße hingibst und somit neue Dinge entdeckst oder ob du nichts als Ergebnissen hinterherläufst.

Effizienz ist jedoch nicht etwas grundsätzlich Negatives. Im Gegenteil. Oft verhilft uns die Effizienz zu mehr Romantik. Beides bedingt einander. Durch Effizienz kannst du dir den nötigen Freiraum für den Genuss des Lebens schaffen. Du erwirtschaftest dir durch Effizienz die dafür nötige Zeit und das nötige Geld.

Jeder von uns sollte sich eine eigene Wertung von Effizienz und Romantik zulegen. So kannst du die Nichteffizienz durch den richtigen Einsatz der Effizienz erzeugen. Mit anderen Worten: Sei effizient genug, um die erwünschte Romantik in deinem Leben zu schaffen. Wenn du das hinbekommst, dann hast du aus dem Duell ein Duett gemacht, welches dein Leben bereichern wird.

Das Vermögen

Als ich nach dem Studium damit begann zu arbeiten, war mein Ziel klar: Geld verdienen. Am besten jede Menge davon. Wofür ich es brauchte? Na ja, für das ein oder andere Kleidungsstück, für eine kleine Reise und für ein paar Möbel in meiner neuen Wohnung.

Ich war bestrebt, möglichst schnell mein Gehalt zu steigern.

Doch was sollte ich mit dem Geld anfangen, das ich für ein lebenswertes Leben vorerst nicht benötigte? Sparen?

Um das zu beurteilen, musste ich mir zunächst folgende Frage stellen. Wie groß ist eigentlich der Wert des Geldes? Und werde ich durch die Anhäufung von Zahlen auf meinem Online-Girokonto vermögender?

Aus meiner Sicht ist die Antwort ziemlich klar: Geld an sich ist nichts wert. Das, was du gegen Geld tauschen kannst, kann jedoch etwas wert sein. Ich will dir dazu mal eine ganz einfache Frage stellen. Was ist mehr wert, ein Laib Brot oder ein 100-Euro-Schein?

Auch hierauf ist die Antwort ziemlich einfach. In letzter Konsequenz wird das Brot mehr Wert für einen Menschen besitzen. Denn von einem Laib Brot wirst du länger satt sein als von einem Stück bedruckten Papier.

Nur Geld bringt dir also nichts. Du musst Dinge finden, gegen die du dein Geld tauschen kannst und willst. Zwei der aus meiner Sicht schönsten Dinge, die du gegen Geld eintauschen kannst, sind Zeit und Freiheit.

Wie für mich also Vermögen entsteht?

Vermögen entsteht aus geschicktem Eintauschen von Geld, geistiger Verwirklichung durch Bildung und Schaffensgeist und durchs Reisen in verschiedenste Kulturkreise. Vermögen entsteht für mich genau dann, wenn ich mein Geld so einsetze, dass meine Lebenszeit romantischer wird und es mir dabei hilft, effiziente Lösungen für manche Aufgaben zu finden. Vermögen entsteht vor allem im Kopf und nicht auf dem Konto.

Viele Menschen arbeiten hart, um Geld zu verdienen. Doch sie denken kaum darüber nach, was sie mit Geld eigentlich alles anfangen können. Das ist absurd. Denn warum sollte man hart für etwas arbeiten, womit man sich gar nicht richtig beschäftigt oder auseinandergesetzt hat?

Der Hauptgrund, warum viele Menschen in unseren Breitengraden kein Vermögen aufbauen, ist aus meiner Sicht klar. Sie konsumieren anstatt zu investieren. Damit müssen Sie nicht über die Potenziale des Geldes nachdenken, weil es regelmäßig aufgebraucht ist. Aber mal konkret:

Jemand gibt sein Geld zum Zeitpunkt X für etwas aus, für das er zu einem späteren Zeitpunkt Y weniger bekommt, als er zum Zeitpunkt X ausgegeben hat. Ist er dann vermögender geworden? Gemeint ist zum Beispiel: Ich kaufe ein großes Auto, einen riesigen TV, ein viel zu großes Haus am A. d. W. und vieles mehr.

Oder jemand gibt sein Geld zum Zeitpunkt X für etwas aus, für das er zu einem späteren Zeitpunkt Y mehr bekommt, als er zum Zeitpunkt X ausgegeben hat. Ist er dann vermögender geworden? Gemeint ist zum Beispiel: Ich kaufe Bildung oder Anteile an Firmen. Ich investiere in meine Gesundheit und, und, und.

Ich denke, spätestens nach meinen Beispielen ist klar, wie du Vermögen aufbauen kannst. Natürlich gehört Konsum zum Leben dazu. Du musst nur verinnerlichen, dass Investieren genauso dazugehört. Dein Leben ist eine Unternehmung, und du bist der Chef.

Meine drei Grundregeln, um vermögender zu werden, sind daher ganz einfach:

1. Definiere deinen Nutzen von Geld.
2. Investiere genauso viel, wie du konsumierst.
3. Höre niemals auf, in dich zu investieren.

Die Intelligenz

Wie definiert man Intelligenz? Eine Fragestellung, mit der sich schon viele Wissenschaftler beschäftigt haben. Ich möchte an dieser Stelle daher nur einen der wichtigsten und beeindruckendsten Wissenschaftler unserer Zeit zitieren:

„Intelligenz ist die Fähigkeit, sich dem Wandel anzupassen." [4] – *Stephen Hawking*

Bist du bereit, dich laufend fortzubilden, und bist du bereit, über deine Umwelt nachzudenken, dann bist du ein Stück weit intelligenter als der Großteil der Menschen. Und mit dem Großteil meine ich weit über 70 % unserer Weltbevölkerung.

Dass du in diesem Moment die Denkanstöße dieses Buches für dich verarbeitest, zeigt dir, dass du zum intelligenteren Teil unserer Gesellschaft gehörst.

Eine der wesentlichen Erkenntnisse in meinem bisherigen Leben ist, dass viele Menschen sich ausruhen. Ich habe das Gefühl, dass das Denken sie wahnsinnig anstrengt. So sehr, dass sie sich mit Medien berieseln und dabei komplett in einer anderen Welt leben. Fakt ist, sie können es sich leisten, denn ihnen geht es gut.

Wir haben einen Standard in Deutschland erreicht, der den Mangel an Bildung und das Faulenzen in Watte bettet. Ich kann das nachvollziehen, aber noch mal: Ist das nicht langweilig?

Es geht im Leben nicht darum, möglichst viel auswendig zu lernen. Auswendig lernen musst du lediglich das Vokabular, welches du brauchst, um Dinge zu verstehen. Etwas zu verstehen und es auf die verschiedensten Aufgabenstellungen in unserer heutigen Welt zu transformieren zeugt von wahrer Intelligenz.

Zur Intelligenz gehört für mich auch die Umsetzung von Ideen und Gedanken in Taten. Reine Theorie bringt dich nicht weiter. Du solltest handeln. Hole dich immer wieder aus der Komfortzone und motiviere dich mit dem Erreichen deiner Ziele oder kleiner Etappen auf dem Weg dorthin.

Sei intelligent und lerne vom Leben!

Die Zusammenfassung

Du solltest die Lehren des Lebens nicht unterschätzen. Denn einzig das Leben zeigt dir, wie du das Leben leben solltest, damit es lebenswert ist.

Wenn du dieses Buch gelesen hast, dann bist du auf dem besten Weg zu verstehen, dass du ohne das nötige Engagement nichts erreichen wirst. Zumindest nicht mehr als den allgemeinen Standard, den wir in Mitteleuropa mittlerweile erreicht haben. Wir sollten dafür dankbar sein, das gebe ich zu. Doch ist dir das schon genug? Ist das nicht langweilig, im Leben nichts Neues zu probieren?

In diesem Buch habe ich behauptet, dass es für jede erdenkliche Aufgabenstellung eine Lösung gibt. Egal ob sie dir gefällt oder nicht. Aber es gibt sie. Bleib locker, egal was du machst, denn Lockerheit und das Vertrauen in deine Lösungen machen dich leistungsfähiger.

Wie du dein Leben konstruierst, damit es dein Leben lang stabil bleibt, entscheidest du. Du bist der Konstrukteur deines Lebens. Du sorgst dafür, dein Leben wie ein Gebäude im Gleichgewicht zu halten, dass es nicht zusammenstürzt oder umkippt.

Um vom Leben lernen zu können, musst du es zuallererst zulassen. Du musst dich entscheiden, welchen Blinkwinkel du wählst, und du bestimmst, welchen und wie viel Einfluss du auf die Umwelt um dich herum ausübst. Bedenke immer, du entscheidest ganz allein, ob es schüttet wie aus Eimern oder ob es tröpfelt.

Und auch wenn du neben Offenheit, Lockerheit und einem geeigneten Blickwinkel auf deine Umwelt vom Leben lernen willst, musst du geduldig genug sein, um die Lehren zu entdecken.

Fakt ist, dass eine Sekunde unseres Lebens für uns alle „absolut" gleich lang ist. Mach dir das immer wieder bewusst, indem du dir die Gegenwart vor Augen führst. Denn du bestimmst dein System und damit die Geschwindigkeit deiner Zeit. Mach dir klar, was du an einem Tag alles schaffen kannst. Du kannst jeden Tag in deinem Leben nur einmal leben.

Das Buch spricht in seinem Titel von einem Duell zwischen Effizienz und Romantik. Es geht dabei vor allem um das Duell in deinem Kopf. Einem Duell, das du mit etwas Feinsinn für dich nutzen kannst, indem du Effizienz und Romantik in deinem Leben bewusst in ein für dich richtiges Verhältnis setzt. Was ergibt Effizienz durch Romantik für dich?

Effizienz solltest du weise einsetzen, sonst zerstörst du mehr, als du bekommst. Effizienz ist nichts Schlechtes. Im Gegenteil. Sie kann dir zu mehr Romantik verhelfen. Beides bedingt einander. Durch Effizienz kannst du dir den nötigen Freiraum für den Genuss und die Wahrnehmung des Lebens schaffen. Du erwirtschaftest dir durch den richtigen Einsatz von Effizienz die Zeit für mehr Romantik in deinem Leben.

Sei also effizient genug, um die erwünschte Romantik in deinem Leben zu schaffen. Die Romantik, die du benötigst, um vom Leben zu lernen und deine Umwelt wahrzunehmen. Wenn du das schaffst, dann hast du aus dem Duell ein Duett gemacht. Ein Duett, das dein Leben tanzen lassen wird.

Und noch etwas ist wichtig: Sei ein leidenschaftlicher Investor in deine Zukunft. Denn, mal ganz ehrlich, welche Zeit ist besser angelegt als die Zeit zur Verbesserung deiner eigenen Zukunft? Wir alle haben das dafür nötige Potenzial. Ja, auch wenn dir Naturwissenschaften angeblich nicht so liegen ...

Wenn du für dich gelernt hast, richtig zu lernen, und die nötige Ausdauer mitbringst, dann wirst du Ergebnisse erzielen. Natürlich benötigst du hierfür auch Glück. Aber das richtige Glück, das „relevante" Glück. Wenn etwas für dein Leben relevant ist, dann bleib dran und nerve das Glück so lange, bis es sich auf deine Seite schlägt. Zwinge es dazu, dir zu folgen, wenn es drauf ankommt.

Ist etwas nicht so relevant für dein Leben, dann lass das Glück entscheiden, wie es gerade Lust hat. So hältst du das Glück bei Laune.

Triff Entscheidungen. Und entscheide du ganz allein, was für dich die richtige Entscheidung ist. Gehe bewusst Risiken ein, denn Risiken gehören zu unserem Leben genauso dazu wie die Bereitschaft, diese auch einzugehen. Und lass dich nicht von Konventionen lenken, denn das Problem an gesellschaftlichen „Musthaves" und Dingen, die man hierzulande „einfach nicht macht", ist, dass wir viele dieser Dinge für andere Menschen machen oder eben nicht machen. Sie sind aus meiner Sicht reine Zeitverschwendung.

Du hast damit die Aufgabe, Verantwortung für dich zu übernehmen – für dich, deine Gesundheit und für deinen Lebensweg. Dein Zielkorridor wird dich dabei stützen wie ein Korsett.

Fange jetzt damit an!

Zum Schluss verrate ich dir noch meine acht Gebote. Wenn du sie beherzigst, wirst du in der Lage sein, deinem Leben ein guter Schüler zu sein.

1. Schaffe dir ein Fundament, das nichts auf dieser Welt zerstören kann.

2. Entscheide dich immer wieder aufs Neue für einen Blickwinkel auf deine Umwelt.

3. Strebe nach Freiheit, indem du deinen Horizont und damit deine Möglichkeiten fortlaufend erweiterst.

4. Sei mutig, denn ohne Mut gäbe es keine Genialität.

5. Mache aus dem Duell zwischen Effizienz und Romantik ein Duett, welches dein Leben bereichert.

6. Sei dankbar für das wertvollste Geschenk der Welt: dein Leben.

7. Sei einzig du der Konstrukteur deines eigenen Lebens.

8. Fange jetzt damit an.

Dinge auszuprobieren oder Dinge in seinem Leben zu ändern ist niemals Zeitverschwendung. Es bedeutet Fortschritt und Lehre. Dinge so zu lassen, wie sie sind, bedeutet jedoch Stillstand. Stillstand, während sich alles andere fortbewegt.

Sei Teil einer sich ständig verändernden Welt und sei intelligent genug, den Wandel für dich zu nutzen. Dann wirst du als Individuum zwangsläufig deinen Teil zum Fortschritt im Leben beitragen. Denn das Leben wird sich in erster Linie durch die Impulse seiner Schüler weiterentwickeln.

Quellenverzeichnis

[1] Richard David Precht: Erkenne die Welt, Band 1 Antike und Mittelalter, 5. Auflage, München: Wilhelm Goldmann Verlag, 2015, S. 12

[2] http://www.poeteus.de/zitat/Wenn-man-zwei-Stunden-lang-mit-einem-Mädchen-zusammen-sitzt-meint-man-es-wäre-eine-Minute-Sitzt-man-jedoch-eine-Minute-auf-e/6, Zugriff März 2019, Albert Einstein

[3] Immanuel Kant: Was ist Aufklärung? Ausgewählte kleine Schriften, hrsg. von Horst D. Brandt, Hamburg: Felix Meiner Verlag, 1999, S. 20–22

[4] https://www.gutzitiert.de/zitat_autor_stephen_hawking_thema_intelligenz_zitat_36628.html, Zugriff März 2019, Stephen Hawking

Danksagung

Liebe Familie,
liebe Freunde und Bekannte,
liebe Mitmenschen,

dies ist meine erste Veröffentlichung und ich möchte mich bei allen denjenigen bedanken, die mir mit ihren Tipps und Anregungen während der Erstellung dieses Manuskriptes zur Seite standen.

Vor allem möchte ich mich jedoch bei den Menschen bedanken, die mir diese Gedankengänge in den letzten Jahren überhaupt ermöglicht haben, auch wenn sie es zum damaligen Zeitpunkt vielleicht nicht wahrgenommen haben.

Liebe Leserin,
lieber Leser,

ich danke dir. Es ist wunderbar, dass du dich mit meinen Denkanstößen bis zum Ende dieses Buches auseinandergesetzt hast. Es bedeutet mir wirklich viel. Und sollte es dir gefallen haben, dann empfehle dieses Buch weiter oder bewerte es auf einer der Verkaufsplattformen. Ich würde mich freuen, wenn wir dadurch gemeinsam noch weitere Menschen dafür begeistern können, sich mit der Lehre des Lebens zu beschäftigen.

Andre Sierk
Berlin, den 01.04.2019